Der Mann, der spielte, um zu verlieren

Laurence M. Janifer

Writat

Diese Ausgabe erschien im Jahr 2023

ISBN: 9789359253091

Herausgegeben von
Writat
E-Mail: info@writat.com

DER MANN, DER SPIELT, UM ZU VERLIEREN

- 1 -

Von LARRY M. HARRIS

Manchmal ist das Beste, was man tun kann, zu verlieren. Der Cholera-Erreger zum Beispiel verlangt nichts sehnlicher, als dass er bei lebendigem Leibe verschluckt wird ...

Illustriert von Douglas

Als ich den Kontrollraum betrat, blickte der Kapitän von den Karten zu mir auf. Er stand auf und grüßte mich, und ich erwiderte ihn, ohne eine Zeremonie daraus zu machen. „Noch eine halbe Stunde bis zur Landung, Sir", sagte er.

Das hat mich irritiert. Es irritiert mich immer. „Ich bin kein Offizier", sagte ich. „Ich bin nicht einmal ein Soldat."

Er nickte zu schnell. „Ja, Mr. Carboy", sagte er. "Entschuldigung."

Ich seufzte. „Wenn Sie salutieren wollen", sagte ich zu ihm, „wenn es Sie *glücklicher macht* , zu salutieren, machen Sie einfach weiter. Aber nennen Sie mich nicht ‚Sir'." Das würde mich zum Offizier machen, und ich möchte kein Offizier sein. Ich habe zu viele von ihnen getroffen.

Es machte ihn nicht wütend. Er war nichts anderes als unterwürfig und voller Ehrfurcht und darauf bedacht, zu gefallen. „Ja, Mr. Carboy", sagte er.

Ich suchte in meinen Taschen nach einer Zigarette, fand eine Tasse davon und steckte mir eine in den Mund. Der Kapitän war direkt da und hatte ein Licht, also habe ich es ihm abgenommen. Dann bot ich ihm eine Zigarette an. Er dankte mir, als wäre es ein kompletter Satz Kronjuwelen gewesen.

Welchen Unterschied machte es, ob er mich „Sir" nannte oder nicht? Ich war immer noch Gott für ihn und ich konnte nicht viel dagegen tun.

„Wollten Sie etwas, Mr. Carboy?" fragte er mich und zog an der Zigarette.

Ich nickte. „Jetzt, wo wir uns nähern", sagte ich ihm, „möchte ich so viel wie möglich über den Ort wissen. Ich hatte eine vollständige Hypnose , aber eine Hypnose ist nur so gut wie die darin enthaltenen Fakten und die Fakten." die

die Erde erreichen, können übertrieben, verändert, verzerrt oder sogar veraltet sein."

„Ja, Mr. Carboy", sagte er eifrig. Ich fragte mich, ob er die Kippe als Andenken behalten würde, wenn er mit der Zigarette fertig war. Er könnte es sogar einrahmen, sagte ich mir. Schließlich hatte ich es ihm gegeben, nicht wahr? Der großartige Mr. Carboy, der sich fast wie ein gewöhnlicher Mensch verhält, hatte tatsächlich einem armen, respektvollen Raumschiffkapitän eine Zigarette geschenkt.

Es weckte in mir den Wunsch, Löcher in die Schotten zu bohren. Nicht, dass ich keine Zeit gehabt hätte, mich an die Behandlung zu gewöhnen; Jeder Mann in meinem Korps erfährt eine volle Portion Ehrfurcht und Respekt von den Streitkräften, von Regierungsbeamten und sogar von den Vereinigten Kabinetten. Der einzige Grund, warum wir es nicht vom Mann auf der Straße erfahren, ist, dass der Mann auf der Straße – es sei denn, er ist zufällig ein ganz besonderer Mann in einer sehr ungewöhnlichen Straße – nicht weiß, dass das Corps existiert. Was übrigens eine echte Erleichterung ist; Zumindest bin ich außerhalb des Jobs nicht mehr als Ephraim Carboy, Bürger.

Ich nahm einen Zug an meiner Zigarette und der Kapitän folgte seinem Beispiel sehr respektvoll. Ich wollte ihn am liebsten anschreien, aber ich hielt meine Stimme höflich. „Der Krieg ist definitiv vorbei, nicht wahr?" Ich sagte

.

Er zuckte mit den Schultern. „Das kommt darauf an, Mr. Carboy", sagte er. „Die Armeen haben kapituliert und der Vertrag wurde unterzeichnet. Das geschah sogar, bevor wir die Erde verließen – vor drei oder vier Wochen. Aber ob man sagen kann, der Krieg sei vorbei … nun, Mr. Carboy, das hängt davon ab."

„Guerillas", sagte ich.

Er nickte. „Wohlen ist größtenteils eine Dschungelwelt", sagte er. „Sechzig Prozent Wasser natürlich, aber darüber hinaus gibt es ein paar Städte, zwei Raumhäfen und der Rest – achtzig oder neunzig Prozent der Landfläche – nichts als Dschungel. Ein paar Straßen, die von Stadt zu Stadt führen, aber." das ist alles."

„Natürlich", sagte ich. Er war vorsichtig und genau. Ich fragte mich, was er dachte, ich würde tun, wenn ich ihn bei einem Fehler erwischen würde. Machen Sie einen magischen Pass und lassen Sie ihn wahrscheinlich wie eine Bombe explodieren. Ich atmete noch etwas Rauch ein und fragte mich, ob der Captain glaubte, ich hätte Psi-Kräfte – was ich natürlich nicht tat; Ich brauchte sie bei meiner Arbeit nicht – und grübelte sauer darüber nach, wie lange es dauern würde, bis die Arbeit erledigt war und ich mich auf den Heimweg machte.

Andererseits, sagte ich mir, bestand immer die Gefahr, getötet zu werden. Und in der Stimmung , in der ich mich befand, war die Vorstellung eines friedlichen, respektlosen Todes sehr angenehm.

Jedenfalls für ein oder zwei Sekunden.

„Die Regierung hält die Städte", sagte der Kapitän , „und wichtige Handelsdienste – Raumhäfen und so etwas. Aber eine kleine Gruppe von Männern kann dort draußen in der Wildnis lange überleben."

„Vom Land leben", sagte ich.

Er nickte erneut. „Wohlens Neun-Neunen- Normalen der Erde ", sagte er. „Aber das weißt du ja schon."

„Das weiß ich alles", sagte ich. „Ich versuche nur, es ein wenig zu aktualisieren, wenn ich kann."

„Oh", sagte er. „Oh, sicherlich, S... äh... Mr. Carboy."

Ich seufzte, zog an der Zigarette und wartete darauf, dass er weitersprach. Was gab es denn sonst noch zu tun?

Erstaunlicherweise war die Hypnotherapie ziemlich genau gewesen. Das war hilfreich; Wenn ich vom Kapitän einige neue und überraschende Fakten gehört hätte , hätte das alle anderen Informationen, die ich hatte, in Zweifel gezogen. Jetzt konnte ich ziemlich sicher sein, worauf ich mich einließ.

Als wir landeten, war der Kapitän fertig und ich ging in meinem Kopf die wichtigsten Punkte durch, um sie in letzter Minute noch einmal zu überprüfen.

Wohlen, das sich im fünfundachtzigsten Jahr der Explosion niedergelassen hatte, hatte eine parlamentarische Regierungsform eingeführt, die im Allgemeinen nach dem üblichen Modell aufgebaut war: Zweikammersystem, Wahlsystem und ziemlich langsam. Handelsbeziehungen mit der Erde und den sechs anderen bewohnten Planeten waren so schnell wie möglich aufgebaut worden, und Wohlen war innerhalb von dreißig Jahren Vollmitglied der Comity geworden.

Die Dinge verliefen dann eine Zeit lang vergleichsweise reibungslos. Aber eine Art Explosion war unvermeidlich – das kommt immer vor – und erst kürzlich war diese nette parlamentarische Regierung vor allen Augen explodiert.

Der Aufbau schien an etwas zu erinnern, aber es dauerte eine Weile, bis ich es kapierte: die alten südamerikanischen Staaten in der Zeit vor der Raumfahrt, bevor es den Vereinigten Kabinetten gelang, die Erde ein für alle Mal zu vereinen. Auf Wohlen hatte eine Wahl stattgefunden, und der Verlierer hatte sich nicht würdevoll von der Bildfläche verabschiedet, um eine loyale Opposition zu gründen. Stattdessen hatte er einen Rückzieher gemacht, dem Sieger alle möglichen schrecklichen Dinge vorgeworfen – von denen einige, soweit ich wusste, sogar wahr sein könnten – und Wohlen für unabhängig von der Comity erklärt. Was praktisch Unabhängigkeit von allen Formen interplanetarer Gesetze bedeutete.

Natürlich hatte er kein Recht, irgendeine Proklamation abzugeben. Aber er hatte es geschafft, und er würde das Recht bekommen, es durchzusetzen. Auf diese Weise wurde die Armee von William F. Sergeant gebildet; Sergeant, der immer noch Proklamationen aussprach, versammelte eine große Gruppe Männer und marschierte in Richtung der Hauptstadt New Didymus. Die etablierte Regierung konterte mit einer eigenen Armee, und acht Monate lang konnte sich keine Seite einen wirklich entscheidenden Vorteil verschaffen.

Dann versammelten sich die Regierungstruppen nach einer leichten Niederlage in der Nähe eines Ortes namens Andrew's Farm, besiegten eine angreifende Streitmacht, nahmen Sergeant und zwei seiner Top-Generäle gefangen und machten von dort aus einfach weiter. Der Vertrag wurde innerhalb von acht Tagen unterzeichnet.

Leider waren einige von Sergeants Unterstützern Jäger und Waldarbeiter gewesen –

Normalerweise kann eine Guerillabewegung innerhalb weniger Wochen gestoppt werden, wenn sie nicht von selbst zum Erliegen kommt. Wo eine Welt hauptsächlich aus Städten, Kleinstädten usw. und nur ein wenig Dschungel besteht, können die Banden eingesperrt und zerstört werden. Und die meisten Guerillas sind in ihrer Arbeit nicht sehr erfahren; Eine kleine Gruppe von Männern, die sich im Wald verirrt hat, kann keinen großen Schaden anrichten.

Aber eine kleine Gruppe von Waldarbeitern auf einem Planeten, der größtenteils aus Dschungel besteht, ist eine andere Sache. Diese Männer kannten sich aus, waren in der Lage, mit minimalem Aufwand außerhalb des Landes zu leben, und wussten genau, wo sie zuschlagen mussten, um Straßen und Transportmittel lahmzulegen, lebenswichtige Dienstleistungen auf dem Planeten lahmzulegen und ganz allgemein die Wirtschaft des Planeten ins Chaos zu stürzen .

Also rief die Wohlen-Regierung die Erde an und die Vereinigten Kabinette begannen mit der Jagd. Natürlich haben sie sich unsere Truppe ausgedacht

– die Problemlöser, die unorthodoxen Jungs, die Heiligen Idole. Und das Korps fischte herum und kam zu mir.

Das störte mich eigentlich nicht: Ein Urlaub wird sowieso nach ein oder zwei Wochen langweilig. Ich habe keine familiären Bindungen, die ich aufrechterhalten möchte, und nur wenige enge Freunde. Die meisten von uns sind so; Ich kann mir vorstellen, dass es in der Natur des Jobs liegt.

Es war eine Erleichterung, wieder in Aktion zu treten, auch wenn es bedeutete, den Kotau zu ertragen, den ich immer bekam.

Als ich das Gelände des Raumhafens betrat, fühlte ich mich tatsächlich ziemlich gut. Es dauerte nur zehn Sekunden, bis sich das änderte.

Der Präsident selbst wartete so nah wie möglich an der Box. Er war ein pummeliger kleiner Mann mit rotem Gesicht und strahlte mich an, als wäre er der Weihnachtsmann. „Mr. Carboy", sagte er mit einer Stimme, die dringend Ballaststoffe brauchte. „Ich bin so froh, dass Sie hier sind. Ich bin sicher, dass Sie etwas an der Situation ändern können."

„Ich werde es versuchen", sagte ich und kam mir dumm vor. Dies war kein Ort für ein Gespräch – schon gar nicht mit dem Regierungschef.

„Oh, ich bin sicher, dass du Erfolg haben wirst", sagte er mir fröhlich. „Schließlich, Mr. Carboy, haben wir von Ihrer ... ah ... Gruppe gehört. Oh ja. Ihr Ruhm ist ... ah ... universell."

„Sicher", sagte ich. „Ich werde mein Bestes geben. Aber je seltener ich mit dir rede, desto besser."

„Trotzdem", sagte er. „Wenn wir uns treffen müssen –"

„Wenn wir das tun", sagte ich, „gibt es eine Reihe von Signalen in den Tageszeitungen. Ihr Geheimdienst sollte alles darüber wissen, Herr Präsident."

„Ah", sagte er. „Natürlich. Sicherlich. Nun, Mr. Carboy, ich möchte Ihnen sagen, wie froh ich bin –"

„Das bin ich auch", sagte ich. "Auf Wiedersehen."

Das Problem mit dem demokratischen Prozess besteht darin, dass eine zufällig ausgewählte Gruppe von Leuten einige dumme Führer wählen kann. Das passiert schon seit dem antiken Griechenland, denke ich, und das wird auch weiterhin so bleiben. Es ist vielleicht nicht tödlich, aber es ist ärgerlich.

Meine Aufgabe bestand zum Beispiel darin, diesen dummen kleinen Mann zu stützen. Ich musste gegen eine Gruppe von Guerillakämpfern antreten, die nach allem, was ich gehört hatte, sogar noch demokratischer waren und offenbar viele gemeinsame, gewöhnliche Gehirne hatten. Natürlich habe ich es nicht für den Präsidenten getan, sondern für das Komitee als Ganzes, und es musste getan werden.

Aber ich kann ehrlich gesagt nicht sagen, dass ich mich dadurch in meinem Job besser gefühlt habe.

Ich wurde aus der Stadt vertrieben, gleich nachdem ich meine Vorräte gepackt hatte – Lebensmittel und Wasser für zwei Tage in einem einfachen Rucksack, ein Ruffunkgerät und einige andere Spezialgeräte, von denen ich nicht glaubte, dass ich sie brauchen würde. Aber, sagte ich mir, man weiß ja nie ... Für alle Fälle gab es sogar ein Selbstmordgerät. Ich habe es weggepackt und vergessen.

Die Stadt war eine Oase mitten im Dschungel, mit weißen, sauberen Gebäuden und statisch gereinigten Straßen und Gehwegen. Es schien keinen Park zu geben, aber es brauchte auch keinen. Draußen gab es viel Park.

Die schöne Straße wurde eine halbe Meile außerhalb der Stadt zu einer schlechten Straße und verkam bald darauf zu einem holprigen Weg für Bodenfahrzeuge. „Wie viele Menschen gibt es auf diesem Planeten?" Ich habe meinen Fahrer gefragt.

Er ließ die Straße nie aus den Augen. „Zweieinhalb Millionen, letzte Volkszählung", sagte er mit großem Respekt.

Das hat die Sache natürlich erklärt. Mit dem Bevölkerungswachstum würden sich die Städte ausdehnen und die Wälder vernichten. Es war auf der Erde und auf jedem besiedelten Planeten passiert. Noch im Jahr 1850 waren beispielsweise weite Teile von New York City, wo ich wohne, Bauernhof und Wald; Warum, im Jahr 1960 betrug die Einwohnerzahl nur etwa acht Millionen, und man glaubte, der Ort hätte seinen Höhepunkt erreicht.

Wohlen hatte gerade erst begonnen, den Planeten zu bürgern. Wenn man es noch einhundertfünfzig Jahre verstreichen ließe, könnte die Guerilla nicht mehr existieren, weil es einfach keinen Ort gibt, an dem man sich verstecken und unabhängig leben kann.

Leider hatte die Regierung keine hundertfünfzig Jahre Zeit. Nach allem, was ich gesehen hatte, hatte die Regierung keine hundertfünfzig Tage Zeit. Auf allen Märkten, an denen wir auf dem Weg nach draußen vorbeikamen, herrschte Rationierung, und es schien eine Menge Polizisten zu geben. Das ist immer ein schlechtes Zeichen; Es bedeutet, dass normale Prozesse zusammenzubrechen beginnen und sich Anarchie einschleicht.

Ich habe darüber nachgedacht. Drei Monate waren eine Außengrenze. Wenn ich die Arbeit nicht innerhalb von drei Monaten fertigstellen könnte, könnte sie genauso gut nie fertig werden.

Es ist immer schön, eine Frist zu haben, sagte ich mir.

Das Auto hielt an einer Stelle auf der Straße, die wie jede andere Stelle auf der Straße aussah. Ich stieg aus, rückte meinen Rucksack zurecht und machte mich auf den Weg von der Straße in den angrenzenden Dschungel. Das Hypnosemittel , das ich genommen hatte, hatte mir gesagt, dass es überall im Dschungel verstreute Bauernhöfe gab, aber ich wusste nicht genau, wo, und ich wollte es auch nicht einmal herausfinden. Der Rucksack war schwer, aber ich entschied, dass ich dem Gewicht standhalten würde.

In fünf Minuten war ich vom Dschungel umgeben, ohne dass ich schnell erkennen konnte, wo die Straße gewesen war. Es gab eine Spur, und vielleicht hatten Menschen sie benutzt, aber es war nur ein Kratzer in der Vegetation.

Das war grün, wie das der Erde, und größtenteils stachelig. Ich habe es geschafft, mich zweimal zu kratzen, und dann habe ich gelernt, mich zu ducken. Danach verging die Zeit langsam. Ich ging einfach weiter, ohne eine große Ahnung zu haben, wohin ich wollte. Nach ein paar Stunden war ich gut und verloren, was genau das war, was ich wollte. Es fing an zu dämmern, also nutzte ich die Gelegenheit und machte ein Feuer. Ich kramte in meinem Rucksack, fand etwas zu essen und fing an, es zu kochen. Ich schaute immer noch zu, wie es sich erwärmte, als ich das Geräusch hinter mir hörte.

Diese Jungs waren gut. Er hatte sich durch den Dschungel geschlichen und war bis auf einen Fuß an mich herangekommen, ohne dass ich ihn gehört hatte. Ich sprang auf, als hätte ich ihn nicht erwartet, und wirbelte herum, um ihn anzusehen.

Er hatte seine Heizung herausgenommen und bedeckte mich damit. Ich habe nach nichts gegriffen; Ich habe ihn gerade beobachtet. Er war ein großer Mann, fast so groß wie ich und kräftig gebaut, mit einem Kiefer wie der einer Bulldogge und winzigen, funkelnden Augen. Seine Stimme war wie verrostetes Eisen. „Entspann dich", sagte er zu mir. „Ich werde Sie nicht niederbrennen, Herr. Noch nicht."

Ich zwang mich, ihn anzustarren. "Wer bist du?" Ich sagte .

„Der Name spielt keine Rolle", sagte er, ohne die Heizung einen Zentimeter zu bewegen. „Wichtig ist, wer bist *du* ? Und was machst du hier?"

„James Carson ist mein Name", sagte ich. „Ich komme aus Ancarta ." Es war eine kleine Stadt auf der anderen Seite des Planeten, ein schöner, anonymer Ort zum Leben. „Und ich kümmere mich um meine eigenen Angelegenheiten."

„Sicher", sagte der große Mann. Er schüttelte den Kopf und pfiff, ein plötzlicher, scharfer Ton. Die Lichtung war voller Männer.

Es waren alle möglichen Leute da, groß und klein, dünn und dick, gekleidet in Uniformen, Ausgemusterten, Anzügen, Lumpen und allem Möglichen. Die Hälfte von ihnen trug Heizgeräte. Der Rest hatte Messer, einige gute und einige selbstgemachte. Sie beobachteten mich und sie beobachteten den großen Mann. Niemand hat sich bewegt.

„Vielleicht sind Sie ein Regierungsmann ", sagte der große Mann, „und sind herausgekommen, um ein paar von Bill Sergeants Jungs zu fangen."

"Nein ich sagte.

Er grinste mich an, als hätte er mich nicht gehört. „Nun", sagte er, „das dürfte eine ausreichend große Menge für Sie sein, Herr. Möchten Sie uns jetzt alle gefangen nehmen und uns mit zurück nach New Didymus nehmen?"

„Du hast mich falsch verstanden", sagte ich.

Ein anderer Mann meldete sich zu Wort. Er war älter, Ende vierzig, dachte ich. Sein Haar war dünn und grau, aber sein Gesicht war hart. Er hatte eine Heizung an der Seite befestigt und trug eine gute Uniform. „Regierungsmänner kommen nicht einzeln heraus, oder, Huey?" er sagte.

Der große Mann zuckte mit den Schultern. „Keine Möglichkeit, es zu sagen", sagte er. „Vielleicht hat Mr. Carson hier ein Funkgerät für den Rest seiner Jungs. Vielleicht warten sie alle nur auf uns, irgendwo in der Nähe."

„Wenn sie warten", sagte der andere Mann, „wären sie inzwischen hier. Außerdem, Huey, sieht er nicht wie ein Regierungsmann aus."

„Glaubst du, sie haben alle Schwänze?" Huey fragte ihn.

Ich kam zu dem Schluss, dass es an der Zeit war, ein Wort zu sagen. „Ich bin nicht von der Regierung", sagte ich. „Ich komme aus Ancarta . Ich bin hier, um Ihnen zu helfen – wenn Sie die Männer sind, für die ich Sie halte."

Das löste weitere Diskussionen aus. Huey war dafür, mein Angebot als Trick zu bezeichnen und mich auf der Stelle loszuwerden – und anschließend würde er vermutlich meine mythischen Anhänger im nahegelegenen Dschungel vertreiben. Aber er war ziemlich gut ganz allein; Im bestgepflückten Fass muss ein fauler Apfel sein, und diese Jungs waren schlau. Das einzig Vernünftige war, ihnen ins Gesicht zu starren, und es dauerte nicht lange, bis sie es erkannten.

„Wir nehmen dich mit zurück", sagte mir Hueys Freund. „Wenn wir an einem sicheren Ort sind, können wir uns hinsetzen und darüber reden."

Ich wollte darauf bestehen, mein Abendessen dort zu beenden, wo ich war, aber es gibt so etwas wie ein bisschen zu viel für die Tribüne zu spielen. Stattdessen wurde ich in die Mitte der Gruppe getrieben und wir marschierten in den Dschungel.

Nur war es kein Marsch; es gab keinen Ordnungsversuch. Eine Zeit lang benutzten wir den Weg, dann verließen wir ihn und gingen im Gänsemarsch durch Massen von Bäumen, Büschen und Blättern. In der Mitte der Linie zu stehen, half ein wenig, aber nicht genug; Die Stacheln kamen immer wieder durch und ich bekam noch ein paar schöne Kratzer. Die Fahrt dauerte etwa eine halbe Stunde und als wir anhielten, standen wir vor einem Höhleneingang.

Die Band ging hinein und ich ging mit ihnen. Es gab Licht, Batteriebetrieb und scheinbar alle Annehmlichkeiten eines kleinen, schlecht gepflegten Stadtgefängnisses. Aber es war besser als der nackte Dschungel. Ich trug immer noch meinen Rucksack, und als wir in der Höhle ankamen , schnallte ich ihn ab, setzte mich hin und öffnete ihn. Die Männer beobachteten mich, ohne den Versuch zu machen, die Tatsache zu verbergen.

Das erste, was ich herausholte, war eine Instant-Wärmedose. Es sah nicht wie eine Bombe aus, also hat niemand etwas unternommen. Sie schauten einfach weiter zu, während ich mein Rufradio herstellte.

Huey sagte: „Was zum Teufel!" und kam für mich.

Ich stand auf, verschüttete den Rucksack und machte mich bereit, ihn abzuwehren; aber das war nicht nötig, damals nicht. Drei der anderen stürzten sich auf ihn wie Hunde auf einen Bären und hielten ihn fest. Hueys Freund war an meiner Seite, als ich mich umdrehte. "Wie kommts?" er sagte. „Wen wollen Sie anrufen?"

„Ich sagte, ich wollte dir helfen", sagte ich ihm. "Ich meinte es."

„Natürlich", sagte er sanft. „Warum sollte ich das glauben?"

„Ich kenne die Situation, in der du steckst, und ich-"

Er gab mir keine Chance, fertig zu werden. „Jetzt warte mal eine Minute", sagte er. „Und fass die Kiste nicht an. Wir müssen noch reden."

"Wie zum Beispiel?"

„Zum Beispiel, wie Sie es geschafft haben, von Ancarta hierher zu kommen , und warum", sagte er. „Zum Beispiel, was das ganze Gerede darüber bedeutet, uns zu helfen, und wofür das Radio da ist. Es wird viel geredet."

Ich beschloss, dass es an der Zeit war, etwas mehr Unabhängigkeit zu zeigen. „Ich rede nicht mit Leuten, die ich nicht kenne", sagte ich.

Er musterte mich von oben bis unten und ließ sich dabei Zeit. Huey hatte sich etwas beruhigt, und unser Gespräch war die Hauptattraktion. Am Ende zuckte er mit den Schultern. „Ich nehme an, Sie können keinen Schaden anrichten, solange wir Ihre Kiste im Auge behalten", sagte er. Er nannte mir seinen Namen, als wäre das egal. „Ich bin Hollerith", sagte er. „General Rawlinson Hollerith."

Ich gab ihm automatisch die vorbereitete Geschichte; Es kam auf den Markt, aber ich habe nicht darüber nachgedacht. Er hatte mir meine erste echte Überraschung bereitet; Ich hatte geglaubt, Hollerith sei auf Andrew's Farm getötet worden, und soweit ich wusste, glaubte auch die Regierung daran. Stattdessen war er hier, munter und munter, und arbeitete ziemlich gut mit einer Guerillabande zusammen. Ich fragte mich, wer Huey sein würde, aber es schien nicht der richtige Zeitpunkt zu sein, danach zu fragen.

Die Geschichte war natürlich gut. Natürlich war es in diesem Moment kein Beweis für irgendetwas oder auch nur ansatzweise beweisbar; Es sollte nicht sein. Ich hatte nicht erwartet, dass sie es ungesehen kaufen würden, aber ich hatte es so geplant, dass ich etwas Zeit hatte, bis ich mit dem nächsten Schritt beginnen konnte.

James Carson, sagte ich Hollerith, sei ein einigermaßen großes Rad in Ancarta . Er hatte keine Sympathien für die Regierung, aber er hatte weder in den Revolutionsarmeen gekämpft noch war er in irgendeiner offenkundigen Weise aktiv.

"Warum nicht?" er fuhr mich an.

„Ich war dort, wo ich stand, wertvoller", sagte ich. „Mit dem Papierkram lässt sich eine Menge Sabotage machen."

Er nickte. „Ich verstehe", sagte er. "Ich verstehe was du meinst."

„Ich habe in einer der Regierungsabteilungen gearbeitet", sagte ich. „Das ermöglichte es mir, Informationen an Sergeants Männer in der Nähe weiterzugeben. Es gab mir auch einen guten Ort, um Befehle und Lieferungen zu verwechseln."

Er nickte erneut. „Das ist einer der Vorteile einer Guerilla-Truppe", sagte er. „Das Ende der Verwaltung existiert wirklich nicht; wir können vom Land leben. Ich denke, dass wir auf einem so großen Gebiet wie Wohlen nicht ausgelöscht werden können."

Natürlich war das nur seine Meinung; aber ich hatte es nicht leicht. Sein Anblick hatte mich ziemlich erschüttert und ich begann zu glauben, ich müsste ihn loswerden. Das wäre unangenehm und gefährlich, sagte ich mir. Aber im Moment schien es keine Hilfe dafür zu geben.

„Über Informationen", sagte er. „Sie wurden genau beobachtet – das hätte jeder tun müssen, der für die Regierung arbeitete. Wie haben Sie Ihre Informationen an die Öffentlichkeit gebracht?"

Ich nickte zum Radio. „Es ist kein normales Ruffunkgerät", sagte ich mit vollkommener Wahrheit. „Seine Funktion ist mit normalen Methoden nicht erkennbar. Ich bin kein Experte, deshalb werde ich nicht auf technische Details eingehen; es reicht, dass das Radio funktioniert."

„Warum kommen Sie dann zu uns?" sagte Hollerith. „Gibt es in der Nähe von Ancarta keine Guerillas, mit denen Sie zusammenarbeiten können?"

Ich schüttelte den Kopf. „Nur ein paar mehr oder weniger … ach … unzufriedene Minderheiten", sagte ich. Das stimmte auch. „Sie haben etwa einen Tag lang die Hölle angerichtet, sind dann reingegangen und haben sich ergeben. Das Guerilla-Netzwerk auf dem gesamten Planeten steht unter Ihrem Kommando, Sir."

Er schüttelte den Kopf. „Das ist nicht mein Befehl", sagte er. „Das ist eine Demokratie. Du hast Huey kennengelernt … meinen Pfleger, früher. Aber jetzt hat er genauso viel Stimme wie ich. Außer in Expertenfragen."

Spinner. Aber ich habe zugehört. Demokratie war die Grundlage ihrer Gruppe; Über jeden Schritt wurde, soweit möglich, von der gesamten Band abgestimmt. „Wir sind keine Diktatur", sagte Hollerith. „Wir haben nicht vor, eins zu werden."

Es war schön, das zu hören; es bedeutete, dass ich ihn vielleicht doch nicht loswerden musste. „Jedenfalls", sagte ich, „scheinen Ihre Männer die einzigen zu sein, die im Namen des Sergeants aktiv sind."

Er nahm es, ohne mit der Wimper zu zucken. „Dann brauchen wir Hilfe", sagte er. „Können Sie es bereitstellen?"

„Ich kann dir Waffen besorgen", sagte ich. „Freiwillige. Vorräte."

Es entstand eine kleine Pause.

"Was glaubst du wer du bist?" sagte Hollerith. "Gott?"

Ich habe ihm nicht gesagt, dass ich aus seiner Sicht die andere Hälfte des theologischen Universums bewohne. Irgendwie schien es nicht notwendig zu sein.

Die Männer trafen in einer Woche ein, einige von ihnen trugen Vorräte und Waffen für alle anderen. Hollerith war außer sich vor Freude und selbst Huey hörte auf, mich misstrauisch anzusehen. In der Zwischenzeit hatte ich bei den Guerillas gelebt, mit ihnen gegessen und geschlafen, aber man hatte mir nicht gerade vertraut. Es gab eine ausgewählte Gruppe von Männern, die jederzeit auf mich aufpassen sollten, und es gelang mir, ein wenig freundlich zu ihnen zu werden, aber nicht sehr. Für den Fall, dass ich mich als Laus entpuppte, wollte niemand über mein unmarkiertes Grab Tränen vergießen müssen.

Bis zum Eintreffen der Männer gab es keine Razzien; Hollerith wollte aus gutem Grund auf meine Verstärkung warten und nahm den größten Teil der Gruppe mit. Huey war dafür, mich umzubringen und mit den normalen

Operationen fortzufahren; Ich glaube nicht, dass er wirklich Vertrauen in mich hatte, selbst nachdem die Verstärkung eintraf.

Ich hatte den Anruf über mein Funkgerät getätigt, in Holleriths Hörweite. Ich hatte um einhundertfünfzig Mann gebeten – eine Truppe, die nur ein wenig größer war als die gesamte Truppe, die Hollerith bis dahin kommandiert hatte –, dreihundert Heizgeräte mit entsprechender Munition und Vorräten, ein paar große Kanonen, die Sprenggranaten abfeuerten, und etwas Dynamit. Ich fügte das Dynamit hinzu, weil es so klang, als ob Guerillas etwas hätten, und Hollerith schien das nichts auszumachen. Auf seine Anweisung hin gab ich ihnen einen sicheren Weg, vorausgesetzt, sie begannen in der Nähe von New Didymus. Tatsächlich rekrutierten einige meiner Korpsbrüder natürlich in anderen Teilen des Planeten, und die Regierung war vollständig angewiesen worden, keinen von ihnen aufzuhalten. Ich werde nicht sagen, dass Präsident Santa Claus verstanden hat, was ich tat, aber er vertraute mir. Er hatte Vertrauen – was praktisch war.

Hollerith war überglücklich, als die Verstärkung eintraf. „Jetzt können wir wirklich mit der Arbeit beginnen", sagte er mir. „Jetzt können wir anfangen, uns im großen Stil zu wehren. Schluss mit diesem Herumschleichen und dem Erledigen kleinerer Fummelarbeiten …"

Er wollte sofort anfangen. Ich hätte ihm fast ins Gesicht gelacht; Es war nun klar, dass ich den Mann nicht loswerden musste. Wenn er beschlossen hätte, den großen Angriff aufzuschieben ... aber das hatte er nicht.

Deshalb habe ich ihm natürlich bei der Ausarbeitung einiger Pläne geholfen. Auch gute; das Beste, was mir einfiel.

Das Allerbeste.

„Das Problem", erzählte mir Hollerith etwa einen Tag später traurig, „wird darin bestehen, die anderen zu überzeugen. Sie wollen etwas Dramatisches tun – höchstwahrscheinlich den Planeten in die Luft jagen."

Ich sagte, ich glaube nicht, dass sie vorhatten, so weit zu gehen, und ich hatte jedenfalls eine Idee, die helfen könnte. „Sie wollen das Waffendepot der Armee in der Nähe von New Didymus einnehmen", sagte ich. „Das wäre ein guter Beweis unserer Stärke und würde etwaige Repressalien abschwächen, während wir uns darauf vorbereiten, weiterzumachen."

„Natürlich", sagte er.

„Dann denken Sie an all das Feuerwerk, das Sie bekommen werden", sagte ich. „Bomben explodieren, Heizungen explodieren, Stapel von Waffen explodieren gleichzeitig – der 4. Juli, der 14. Juli und der Guy-Fawkes-Tag, alles gleichzeitig, mit einem kleinen Hauch von Armageddon als Würze. Ganz zu schweigen vom chinesischen Neujahr." ."

"Aber-"

„Verkaufen Sie es so", sagte ich. „Das Drama. Das tolle Bild. Die Aufregung. Das, glauben Sie mir, werden sie kaufen."

Er runzelte die Stirn, während er darüber nachdachte. Dann verwandelte sich das Stirnrunzeln in ein Grinsen. „Bei Gott", sagte er, „das könnten sie."

Und das taten sie. Sowohl die Konferenz als auch die Wahl verliefen ziemlich stürmisch. Alle neuen Patrioten machten sich auf den Weg, um nacheinander die Regierungsgebäude in die Luft zu sprengen, noch enthusiastischer als die ursprünglichen Mitglieder. Es war nur natürlich; Meine Anweisung an die Rekrutierer bestand darin, die gewalttätigsten, schäumendsten Anti-Regierungs-Männer auszuwählen, die sie finden konnten, und das war es, was wir bekamen. Aber Hollerith hielt eine Rede und die Abstimmung fiel mit überwältigender Mehrheit für seinen Plan aus.

Sogar Huey war begeistert. Er kam nach dem Treffen auf mich zu und schlug mir auf den Rücken; Ich nehme an, es war für eine Freundschaft gedacht, obwohl es sich eher wie Sabotage anfühlte. „Hey, ich dachte, du wärst nicht gut", sagte er. „Ich dachte, du wärst... oh, weißt du, ein kleiner Spion."

„Ich weiß", sagte ich.

„Nun, Herr", sagte er, „glauben Sie mir, ich habe mich geirrt." Er hämmerte noch mehr. Ich habe versucht, so auszusehen, als würde es mir gefallen oder ich könnte es zumindest ertragen. „Es geht Ihnen gut, Herr", sagte er. "Du bist ok"

Eines Tages , sagte ich mir, würde ich Huey ganz für mich alleine haben, irgendwo in einer dunklen Gasse. Es schien keine große Chance zu geben, das Versprechen zu halten, aber ich schaffte es trotzdem und zog weg.

Das Treffen hatte den Angriff auf drei Tage vorgezeichnet, was für Hollerith einen moralischen Sieg bedeutete; Die Männer waren alle dafür, es in den nächsten fünf Minuten zu schaffen. Aber er sagte, er brauche Zeit – es ist gut, sagte ich mir, dass er nicht sagte, wofür er sie brauchte. Denn ein paar Stunden später, gleich nach Sonnenaufgang am nächsten Morgen, begann das Training und Hollerith hatte alle Hände voll zu tun.

Die neuen Männer sahen keinen Sinn darin. „Verdammt", beschwerte sich einer von ihnen, „wir müssen nur raufgehen und dort eine Bombe werfen. Wir mögen dieses ganze Herumalbern nicht."

Das „Herumalbern" beinhaltete Dschungeltraining – wie man leise geht, wie man es vermeidet, von einer Ranke zerstochen zu werden und so weiter. Es beinhaltete auch die Bildung zweier separater Angriffsgruppen für Holleriths Pläne. Das bedeutete, den Gruppen beizubringen, getrennt umzuziehen, und jeder Gruppe beizubringen, zusammen zu bleiben.

Und es gab noch weitere Details: wie man eine Heizung aus der dritten Reihe anzündet, ohne einen Kameraden in der ersten Reihe zu verbrennen; Signalerkennung im Notfall und bei plötzlichen Planänderungen; die Verwendung von Dynamit, seine Pflege und Fütterung; Ziele auswählen – und so weiter und so weiter. Holleriths drei Tage schienen ziemlich kurz zu sein, wenn man bedachte, was sie abdecken mussten.

Aber den neuen Männern gefiel es nicht. Sie wollten Taten. „Dafür haben wir uns angemeldet", sagten sie. „Nicht diese ganze Übung. Verdammt, wir sind keine Armee – wir sind Guerillas."

Die älteren Hände und die vernünftigeren Mitglieder der Band versuchten ihr Bestes, um die neuen Männer auf die Linie zu bringen. Einige der Beamten versuchten, sie in eine Reihe zu bringen.

Aber die Rede wurde ignoriert. Und was die Offiziere betrifft – nun, der alte Bürgerkrieg der Vereinigten Staaten hat eine Zeit lang auf beiden Seiten eine demokratische Armee auf die Probe gestellt. Leider ist die Wahl Ihrer Amtsträger keine effiziente Art und Weise, Dinge zu leiten. Der beliebteste Mann wird ungefähr so oft zum besten Offizier, wie der beliebteste Mann zum besten Strafrichter wird. Oder Ingenieur. Krieg ist kein demokratisches Geschäft.

Dies schien jedoch der Fall zu sein. Eine der Regeln war die Massenwahl von Offizieren, ebenso wie die Abstimmung über Personalentscheidungen. Die neuen Männer waren den älteren Leuten zahlenmäßig überlegen. Es wurden neue Offiziere gewählt – und damit wurden die Befehle gestoppt.

Als die drei Tage um waren und die Angriffszeit nahte, war Hollerith zu etwa zwei Dritteln außer sich. Als die Nacht hereinbrach, war die Atmosphäre rund um die Höhle so angespannt, wie es nur sein konnte, ohne dass es zu einem echten Blitz kam. Es war eine warme, stille Nacht; Der einzelne Mond war zu einem Viertel voll, aber er strahlte viel mehr Licht aus als der Erdmond. Wir machten uns schwarz und Hollerith ging die Pläne durch. Wir waren immer noch in zwei Gruppen aufgeteilt – zerlumpte Gruppen, aber Gruppen. Die erste Welle sollte von links auf das Depot zukommen und mit voller Wucht, allen Waffen und etwas Dynamit angreifen. Als die Dinge in dieser Richtung ihren Höhepunkt erreichten, sollte die zweite Streitmacht von rechts kommen und ihr eigenes Feuerwerk zünden. Ergebnis (hoffte Hollerith): Zerstörung, Verwirrung, Katastrophe.

Es war ein guter Plan. Hollerith war sich seiner eigenen Männer offensichtlich nicht mehr sicher – und ich wäre es an seiner Stelle auch nicht gewesen. Aber er hatte den Vorteil der Überraschung und der überlegenen Waffen; Er hoffte offensichtlich, dass dies den Mangel an Disziplin, Ausbildung und Ordnung in seiner Truppe ausgleichen würde. Außerdem konnte er nichts anderes tun; Er wurde auf der ganzen Linie überstimmt.

Ohne Bedenken machte ich mich zusammen mit der zweiten Angriffsgruppe auf den Weg. Wir standen unter dem Kommando eines schüchternen, großen Mannes mit Brille, der nicht besonders aussah, obwohl er vor dem Krieg Fallensteller gewesen war und aus Wunder, einer der ursprünglichen Guerillas war, und das bedeutete, dass er einer war wahrscheinlich um einiges härter und sachkundiger, als er schien. Das Aufstellen von Fallen für Wohlens Tiere zum Beispiel war ausdrücklich keine Aufgabe für Schwache oder Verängstigte. Die erste Gruppe stand unter Hueys Kommando.

Hollerith blieb mit einer kleinen Gruppe als „Reserve"; Eigentlich wollte er die Schlacht leiten, und die Männer waren durchaus bereit, ihn zuzulassen, da sie in ihren demokratischen Köpfen eine Idee hatten: Hollerith war ein zu wertvoller Mann, als dass die Guerilla ihn hätte verlieren können.

Aber das war ich natürlich nicht. Ich hatte meinen Teil getan; Ich hatte die Freiwilligen geholt. Jetzt könnte ich wie die anderen für den Ruhm sterben.

Das Problem war, dass ich keinen Ausweg sah. Ich marschierte mit den anderen durch die Dunkelheit, und es gelang uns, überraschend wenig Lärm zu machen. Wohlens Tiere waren jedenfalls aktiv und lebhaft, und das half.

Endlich tauchte das Depot im Mondlicht auf, die Stadt in einiger Entfernung dahinter. Es gab einen Drahtzaun und einen Wachposten, direkt hinter ihm waren quadratische, blockige Gebäude auf einer Lichtung zu sehen. Dahinter befand sich ein weiterer Zaun, dann noch mehr Dschungel und dann die Stadt. Fünfzig Meter vom Zaun entfernt, in der letzten Baumreihe, blieben wir stehen und warteten.

Die erste Gruppe befand sich auf der anderen Seite des Zauns und ich konnte sie weder sehen noch hören. Das Warten schien stundenlang zu dauern; vielleicht vergingen anderthalb Minuten. Dann ging die erste Heizung aus.

Der Wachposten wirbelte herum und feuerte, ohne wirklich darüber nachzudenken. Er konnte nicht erkennen, worauf er schoss. Aus dem Dschungel gingen weitere Heizkörper an, und dann kamen sie herein. Es gab viel Lärm.

Die Jungen schrien, schwärmten über den Drahtzaun und durch ihn hindurch und feuerten wild Heizgeräte an. In den Gebäuden brannte jetzt

Licht, und aus einem von ihnen kam eine ausgewählte Gruppe Männer, die sich im Gänsemarsch hin und her bewegten. Die Heizungen zerhackten sie, bevor sie eine Chance hatten. Ein Turmlicht ging an und dann kamen die ganz großen Geschütze in Fahrt.

Dann fingen die Guerillas an, es zu begreifen. Die großen Jungs vom Rüstungsturm hatten verkohlte Löcher in ihrer Linie, und der Lärm wurde schlimmer; Männer schrien und fluchten und starben, und die Heizungen gingen immer noch an. Ich wandte den Blick ab und sah den Anführer unserer Gruppe an. Er stand auf den Fußballen und beugte sich vor; Er blieb so und nickte eine ganze Sekunde lang sehr langsam auf und ab. Dann schrie er und hob einen Arm, und wir folgten ihm, ein schreiender Mob auf dem Weg in die Hölle.

Die großen Geschütze wurden in die andere Richtung gedreht und ein paar Sekunden lang hatten wir keine Probleme. Unsere Jungs spielten nicht allzu viel mit Heizungen; Stattdessen begann das Dynamit zu fliegen. Zünden Sie die Zündschnur an, heben Sie sie auf, heben Sie sie – und treten Sie dann zurück und beobachten Sie. Feuerwerk. Aufregung. Nun ja, es war das, was sie wollten, nicht wahr?

Es kam zu einer Explosion, als ein kleines Bündel innerhalb des Zauns in einem Hof landete. Dann noch einer, die Blitze erhellen bewegte Gesichter und Körper. Ich schrie mit den anderen.

Dann ging der Große los.

Eines der Dynamitbündel hatte die richtige Stelle getroffen. Munition explodierte mit einem dumpfen Knall, der den Boden erbebte, und das Licht war zu hell, um hineinzusehen. Ich ging platt und die anderen auch; Ich wunderte mich darüber, dass feste Granaten explodierten und wild umherflogen, aber es gab keine. Das Licht verblasste und dann begann es wieder zu wachsen.

Ich hob den Kopf und sah Flammen. Dann stand ich auf und sah, wie auch die anderen aufstanden. Ich wandte mich dem Dschungel zu. Einige von ihnen folgten mir, zusammen mit einigen aus der ersten Gruppe; Die Ordnung war völlig verloren und wir waren nur noch Teile einer kreischenden, wahnsinnigen, siegreichen Menge. Ich ging zurück zur Basis.

Hinter mir brannte das Munitionsdepot hell. Der Überfall war beendet.

Es war natürlich ein voller Erfolg gewesen. Die Guerillas hatten die beste Arbeit ihrer Karriere geleistet.

Bis jetzt.

Hollerith war vor mir zurück in der Höhle. Führen Sie es auf eine Abkürzung oder einfach auf mehr Übung im Dschungel zurück. Als ich hereinkam, sah er schrecklich aus, etwa hundertzwölf Jahre alt und geschrumpft. Aber mein Erscheinen schien ihn ein wenig aufzurütteln. Er gestikulierte und die anderen in der Höhle – drei oder vier von ihnen – gingen hinaus. Einer stand am Eingang.

Es herrschte Stille. Hollerith verzog das Gesicht. „Sie arbeiten für die Regierung", sagte er. Es war keine Frage.

Ich schüttelte den Kopf. "ICH-"

„Behalten Sie es", sagte er. „James Carson aus Ancarta ist eine Tarnidentität, das ist alles. Ich sage Ihnen, ich *weiß* ."

Er schien nicht bereit zu sein, eine Heizung zu ziehen. Ich wartete eine Sekunde. Die Stille wurde lauter. Dann sagte ich: „Alles klar. Woher weißt du das?"

Wieder die Grimasse, verdreht und halb humorvoll. „Warum, weil du mir Rekruten besorgt hast", sagte er. „Weil du mir Waffen besorgt hast. Weil du mir geholfen hast."

„Das ergibt keinen Sinn", sagte ich.

„Nicht wahr?" Er wandte sich für eine Sekunde von mir ab. Als er sich umdrehte, sah er eher wie General Rawlinson Hollerith aus und weniger wie eine Leiche. „Sie haben mich zu Fanatikern gemacht, zu Männern, die die Regierung hassen."

"Also?"

„Sie denken nicht klar", sagte er. „Für mehr als diesen Hass ist in ihren Köpfen kein Platz. Und sie sind demokratisch, genau wie der Rest von uns. Sie wählen."

„Das hast du arrangiert", sagte ich. „Ich hatte nichts damit zu tun."

Er nickte. „Ich weiß", sagte er. „Es gibt Orte, an denen Demokratie einfach nicht funktioniert. Wie bei einer Streitmacht. Solange die meisten Mitglieder gleich denken, ist alles in Ordnung. Aber wenn ein neuer Faktor ins Spiel kommt – warum, weiß niemand, wofür er stimmt." denn. Es wird eine Frage der persönlichen Präferenz – was keine Möglichkeit ist, einen Krieg zu führen."

„In Ordnung", sagte ich. „Aber ich habe dir die Männer und ihre Waffen besorgt –"

„ Sicher hast du das“, sagte er. „Du hast mir alles gegeben, was ich brauchte
– womit ich mich erhängen konnte.“ Er hob eine Hand. „Ich sage nicht, dass
du gegen mich gearbeitet hast. Das hättest du auch nicht tun müssen.“

„Ich habe dir alles gegeben, was du wolltest“, sagte ich.

„Sicher“, sagte er. „Hast du jemals von Ju-Jitsu gehört?“

"ICH-"

„Du hast meine Kraft gegen mich eingesetzt“, sagte er. „Du hast mir
gegeben, was ich wollte – und das auf eine Art und Weise, dass es mich
ruinieren würde.“

„Aber der Angriff war ein Erfolg“, sagte ich.

Er schüttelte den Kopf. „Wie viele Männer werden zurückkommen?“ er
sagte. „Fünfzig? Sechzig? Wie viele von ihnen werden sich da draußen
verirren, in die Stadt zurückkehren und versuchen, mit einer Heizung und
sonst nichts gegen New Didymus anzutreten? Wie viele von ihnen haben die
Aufregung erlebt, die sie wollen? Das sind Ich werde mich auf den Heimweg
machen. Ein Erfolg –“

Er stoppte. Ich wartete.

„In der Antike gab es in Griechenland einen General“, sagte er. „Ein General
namens Pyrrhus. Er hat einmal eine Schlacht gewonnen und dabei die
meisten seiner Männer verloren. ‚Für meinen Teil‘, sagte er, ‚ein weiterer Sieg
wie dieser und wir sind verloren.‘ Das ist der Erfolg, den wir hatten.“

Hollerith hatte Verstand. „Ein Pyrrhussieg“, sagte ich.

„Und Sie wissen alles darüber“, sagte er. „Du hast es so geplant.“

Ich zuckte mit den Schultern. „Indem du tust, was du tun wolltest“, sagte
ich.

Er nickte sehr langsam.

"Was jetzt?" Sagte ich leise.

Für eine Sekunde tat er so, als hätte er mich nicht gehört. Dann sprach er.
„Jetzt“, sagte er, „kehren wir zurück. Demokratie – sie ist ein begrenztes
Werkzeug wie alles andere. Kein Werkzeug ist so gut, dass es in jedem Fall
und bei jedem Problem eingesetzt werden kann. Wir haben uns geirrt. Wir
sollten es besser zugeben.“ es und geh zurück.

„Aber deine Männer –“

„Die Guten kennen jetzt die Wahrheit“, sagte er, „genau wie ich. Die anderen
… sie können nichts anderes tun, ohne mich und ohne den Rest der Macht.“

Ich nahm einen tiefen Atemzug. Es war alles vorbei.

„Und jetzt", sagte er plötzlich, „möchte ich, dass du mir sagst, wer du bist."

"ICH-"

„Nicht James Carson", sagte er. „Und nicht aus Ancarta . Nicht einmal aus Wohlen."

"Woher weißt du das?" Ich sagte .

„Niemand auf diesem Planeten", sagte er, „würde diesen Job auf genau diese Weise machen. Ich kenne die Top-Männer genug, um sicher zu sein. Sie kommen aus der Comity."

„Das stimmt", sagte ich.

„Aber ... wer bist du? Welche Streitmacht? Welche Armee?"

„Keine Armee", sagte ich. „Man könnte mich einen Lehrer nennen; mein Korps besteht aus Lehrern. Wir geben Unterricht – dort, wo Unterricht nötig ist."

„Ein Lehrer", sagte er leise. Es verging eine lange Zeit. „Nun", fragte er, „schaffe ich den Kurs?"

„Du hast bestanden", sagte ich ihm. „Sie bestehen – mit guten Noten, General."

Ich war innerhalb von vierundzwanzig Stunden vom Planeten weg. Nicht, dass der Weihnachtsmann nicht wollte, dass ich länger bleibe, als ich ihm erzählte, was passiert war. Verdammt, er wollte mir zu Ehren ein Bankett und sechzehn Reden veranstalten. Ich war wieder ein heiliges Idol. Ich war übermenschlich.

Ich war froh, wegzukommen. Warum denken sie, ein Mann sei etwas Besonderes, nur weil er ab und zu sein Gehirn benutzt?

DAS ENDE